CHORO *Duetos* VOL.1

PIXINGUINHA & BENEDITO LACERDA

Coordenação de Mário Sève e David Ganc

- Inclui CD com 12 músicas:
faixas integrais e em play-a-long para todos os instrumentos.

- Inclui cadernos para instrumentos em C, B♭ e E♭.

Nº Cat: 322-A

Irmãos Vitale S/A Indústria e Comércio
www.vitale.com.br
Rua França Pinto, 42   Vila Mariana   São Paulo   SP
CEP: 04016-000 Tel.: 11 5081-9499 Fax: 11 5574-7388

© Copyright 2010 by Irmãos Vitale S.A. Ind. e Com. - São Paulo - Brasil
Todos os direitos autorais reservados para todos os países. *All rights reserved.*

CIP-BRASIL CATALOGAÇÃO-NA-FONTE
SINDICATO NACIONAL DOS EDITORES DE LIVROS, RJ

P764c
v.1

Pixinguinha, 1898-1973
    Choro duetos, vol. 1 / Pixinguinha & Benedito Lacerda ; coordenação de Mário Sève e David Ganc. - 1.ed. - São Paulo : Irmãos Vitale, 2010.
    100p. : il., música

    Inclui CD com 12 músicas: faixas integrais e em play-a-long para todos os instrumentos
    Inclui cadernos para instrumentos em B♭ e E♭
    ISBN 978-85-7407-281-4

    1. Choros (Música). 2. Partituras. I. Lacerda, Benedito, 1903-1958. II. Sève, Mário, 1959-. III. Ganc, David, 1958-. IV. Título.

10-0845.   CDD: 782.42164
                     CDU: 78.067.26

26.02.10   04.03.10   017784

CRÉDITOS:
Projeto gráfico e capa
Marcia Fialho
Foto da capa
Arquivo Irmãos Vitale
Foto da quarta capa
Claudia Elias
Revisão ortográfica
Marcos Roque
Versão em inglês
Otacílio Barros
Transcrição e organização
Mário Sève e David Ganc
Editoração eletrônica e formatação musical
Marcos Teixeira
Gerente de projeto
Denise Borges
Produção executiva
Fernando Vitale

CRÉDITOS DO CD:
Gravado por
David Ganc no Estúdio Ipanema, agosto de 2009
Produzido por
David Ganc e Mário Sève
Mixagem e masterização
David Ganc e Mário Sève
Músicos:
David Ganc - flauta
Mário Sève - sax tenor
Rogério Souza - violão 7 cordas
Márcio Almeida - cavaquinho
Celsinho Silva - percussão

ÍNDICE

Prefácio   5
Foreword   7
Nota dos autores   9
Authors' note   11
Sobre os autores   13
About the authors   15

Músicas
Songs
  1. Acerta o passo   18
  2. Ainda me recordo   20
  3. Descendo a serra   22
  4. Naquele tempo   24
  5. Os oito batutas   26
  6. Proezas de Solon   28
  7. Sedutor   30
  8. Segura ele   32
  9. Seu Lourenço no vinho   34
10. Sofres porque queres   36
11. Vou vivendo   38
12. Um a zero   40

PREFÁCIO

Um caso de amor
Sérgio Cabral

Acompanho o caso de amor da dupla Mário Sève e David Ganc com Pixinguinha e Benedito Lacerda faz tempo. Afinal, os quatro dominam maravilhosamente um idioma muito especial, que se expressa via flauta e saxofone e que nos delicia com algumas das melhores páginas da música instrumental brasileira. Os dois primeiros já declararam o tal amor num CD antológico e, agora, com este livro, oferecem aos instrumentistas e aos amantes da nossa música, de modo geral, a oportunidade de se filiarem ao clube dos amantes da obra de Pixinga e Benedito.

Trata-se, na verdade, de um caso de amor que começou entre Pixinguinha e Benedito Lacerda, não se sabe se no tempo em que ambos trabalhavam na mesma emissora de rádio, num estúdio de gravação ou quando resolveram formar uma dupla, quando Pixinguinha aderiu ao saxofone, ficando Benedito como flautista desta. Que se amavam, amavam, como comprovou o grande cronista Antônio Maria, testemunha de um momento vivido, provavelmente, no *Programa da Velha Guarda*, criado e apresentado pelo radialista Almirante (Henrique Fôreis Domingues) e que tinha os dois músicos como destaques principais. Contou Antônio Maria: "Uma vez, na Tupi, Pixinguinha caiu doente. A notícia chegou misteriosa, num recado da telefonista. Nessa noite (isso era em junho de 1948), Benedito tinha de solar 'Carinhoso'. E começou sozinho, tirando música da flauta. Os violões de Meira e Dino puxavam bordões mais tristes do que nunca. E, no meio, vi Benedito ficar pálido, largar o instrumento e cair no choro, soluçando como uma criança. Canhoto acabou o número solando no cavaquinho".

Fui testemunha de uma reação idêntica, quando Pixinguinha tocava "Lábios que beijei", num restaurante de Belo Horizonte. Foi a estreia de um programa na finada TV Itacolomi, escrito por mim, e que teve a sua primeira apresentação com Pixinguinha e o Pessoal da Velha Guarda. Terminado o programa, quase meia-noite, saímos para jantar num restaurante chamado Califórnia, que, já sem clientes, nos acolheu com grande alegria. Depois do jantar (com muita bebida, é claro), os músicos tiraram os instrumentos das caixas e começaram a tocar. Quando um garçom pediu "Lábios que beijei" (J. Cascata e Leonel Azevedo), Pixinguinha sussurrou, como se estivesse conversando com ele mesmo:
— "Lábios que beijei"... J. Cascata... meu querido J. Cascata...

Estava muito emocionado, porque J. Cascata, que tantas vezes havia trabalhado com ele cantando e tocando instrumentos de percussão, morrera meses antes. E "Lábios que beijei" foi divinamente executada, com as lágrimas de Pixinguinha molhando o saxofone.

Uma noitada inesquecível, que terminaria com o dia amanhecendo e com um fato provavelmente inédito na história da boemia brasileira: quando Mauro Borja Lopes, o

Borjalo, diretor do nosso programa (e, anos depois, diretor da TV Globo), pediu a conta, o garçom informou que já estava paga.
— Por quem? – perguntou Borjalo.
— Por nós, os garçons – respondeu o garçom.

Um milagre, sem dúvida. Mas o que se pode esperar de Pixinguinha, um santo, senão um milagre? Um santo genial como compositor, flautista, saxofonista e arranjador. Se ele não foi para o céu, a culpa é de uma possível má vontade de São Pedro com quem, em vida bebeu muito. De fato, Pixinguinha era tão chegado ao consumo de álcool que uma das hipóteses mais levantadas para a sua decisão de deixar de tocar flauta teria sido a falta de confiança no comando do movimento da boca que o instrumento exige.

Uma pena, mas, em seguida, entregou-se inteiramente ao saxofone, estabeleceu a dupla com Benedito Lacerda – e, graças a ela, os brasileiros ganharam alguns dos melhores discos instrumentais da história – e criou no saxofone os contrapontos que o imortalizaram definitivamente. Toda vez que me refiro a esse momento, lembro-me de uma entrevista imaginária do professor da Escola Nacional de Música, Brasílio Itiberê, em que responde assim a um aluno que queria saber quais foram os seus mestres em fuga e contraponto:
— Bach e Pixinguinha.

Pois saibam todos que Pixinguinha, com contraponto e tudo, e Benedito Lacerda, com os solos imortais, são revividos, com amor e talento, por Mário Sève e David Ganc neste livro.

FOREWORD

A love affair
Sérgio Cabral

I've been following the love affair between the Mário Sève/David Ganc duo and Pixinguinha/Benedito Lacerda for a long time. After all, the four beautifully master a very special language, which is expressed via flute and saxophone, and delight us with some of the best pages in Brazilian instrumental music. The first two have already expressed such love in an anthologic CD and now, with this book, offer musicians and Brazilian music lovers in general the opportunity to join the legion of lovers of Pixinguinha's and Benedito's work.

Such love affair began in fact between Pixinguinha and Benedito Lacerda. No one knows when it really began -- whether by the time both worked on the same radio station, in a recording studio, or even when they decided to form a duo, when Pixinguinha embraced the sax and Benedito assumed the flute. They loved each other, as it was evidenced by the great chronicler Antônio Maria, that witnessed a moment lived, probably in the radio show Programa da Velha Guarda *(Old Timers Gang Show), created and hosted by broadcaster Almirante (Henrique Foréis Domingues) which had the two musicians as main highlights. Antonio Maria said: "Once, at the Tupi radio station times, Pixinguinha fell ill. The news came as a message misteriously sent by an operator. That night (these events occurred in June, 1948), Benedito had to play a solo in Carinhoso. He started by himself, playing the flute. Dino's and Meira's guitars played the bass lines sadder than ever. In the middle of the presentation, I saw Benedito turning pale, dropping the instrument and bursting into tears, sobbing like a child. Canhoto was forced to finish the song by himself with his cavaquinho.*

I myself witnessed a similar reaction when Pixinguinha played Lábios que beijei *(Lips that I've Kissed) in a restaurant in Belo Horizonte. It was the debut of a show on the now extinct TV Itacolomi, written by myself, which had its first presentation with Pixinguinha and the staff of the Velha Guarda (Old Timers) band. It was almost midnight when the show was over, and we went to dinner at a restaurant called California, which had no more customers left, and we were welcomed with great joy. After dinner (with lots of drinks, of course), the musicians took the instruments out of their cases and began to play. When a waiter asked for "Lábios que beijei" (by J. Cascata and Leonel Azevedo), Pixinguinha whispered, as if he was talking to himself:*
– "Lábios que beijei"... J. Cascata... my dear J. Cascata...

He was very moved because J. Cascata, who used to work with him singing and playing percussion instruments, had just died a few months before. And "Lábios que beijei" was superbly performed, with Pixinguinha's tears watering the saxophone.

That was an unforgettable night that would end with the day dawning, and with a very

unlikely event without precedent in Brazilian bohemian history: when Mauro Borja Lopes (a.k.a. Borjalo), our program's director (and, years later, a TV Globo director), called the bill and the waiter said it was already paid.
– By whom? - Asked Borjalo.
– By us, the waiters - replied the waiter.

A miracle, no doubt. Anyway, what could one expect from Pixinguinha, a saint, but a miracle? He was a holy genius as a composer, flutist, saxophonist and arranger. If he did not go to heaven, it's due to a possible unwillingness of St. Peter -- Pixinguinha, when alive, drank a lot. In fact, Pixinguinha was so close to the consumption of alcohol that one of the hypotheses raised to explain his decision to stop playing the flute would have been a lack of confidence in the mouth movement commands the instrument requires.

That was a loss. After discarding the flute, Pixinguinha gave himself completely to the saxophone and formed a team with Benedito Lacerda (thanks to that, Brazilians won some of the best instrumental albums in history) and created in the saxophone the counterpoints that immortalized him forever. Whenever I refer to that moment, I remember an imaginary interview of an Escola Nacional de Música (National School of Music) professor, Brasílio Itiberê, who gave the following answer to a student who wanted to know who were his masters on fugue and counterpoint:
– Bach and Pixinguinha.

May you all know that Pixinguinha, with counterpoints and everything, and Benedito Lacerda, with the undying solos, are revived, with love and talent, by Mário Sève and David Ganc in this book.

NOTA DOS AUTORES

Choro duetos – Pixinguinha e Benedito Lacerda vem preencher uma lacuna histórica: pela primeira vez os contrapontos criados pelo sax tenor de Pixinguinha foram transcritos e organizados juntamente com a melodia gravada pela flauta de Benedito Lacerda para serem estudados e praticados em diversas formações instrumentais.

O trabalho foi elaborado a partir da audição das antológicas gravações que a dupla realizou nos anos 1940.

Neste primeiro volume foram selecionadas 12 músicas, apenas da parceria de Pixinguinha e Benedito Lacerda. Composições de outros autores serão publicadas posteriormente em dois volumes.

Livro de partituras
As músicas estão dispostas com a melodia na página à esquerda e o contraponto na página à direita para que dois músicos possam, juntos, ler as duas vozes.

Escrevemos inicialmente as partituras da flauta (em C, a ser executada uma oitava acima) e do sax tenor (em B♭, soando naturalmente uma oitava abaixo); assim, elas se tornam as referências para todas as transposições realizadas.

Elas foram ordenadas ainda em três versões, cada qual com 12 músicas e respectivos contrapontos e melodias.

A primeira versão (no corpo do livro) é em C, para instrumentos não transpositores, com melodia na clave de Sol e contraponto na clave de Fá.

As outras duas versões, em B♭ e E♭ anexas, são para os instrumentos transpositores.

Nas partituras em E♭ e no contraponto em C foram feitas adaptações de oitavas, ou algumas poucas trocas de notas em relação às melodias originais, devido à diferente tessitura dos instrumentos ao utilizar este livro.

Uma grande variação de instrumentos musicais pode usufruir deste trabalho. Além da flauta, do bandolim, violino, piano, acordeão e oboé (instrumentos em C que leem na clave de Sol) podem ser utilizados o violoncelo, o piano, o contrabaixo, o trombone e o fagote (em C na clave de Fá), o sax tenor, o sax soprano, a clarineta, o clarone e o trompete (em B♭), o sax alto e o sax barítono (em E♭).

Assim, as músicas podem ser tocadas com as seguintes sugestões de duos: flauta e sax tenor; sax soprano e sax tenor; violino e violoncelo; trompete e trombone; bandolim e violão; clarineta e clarone; oboé e fagote; acordeão e sax barítono; piano e baixo; e ainda outras combinações possíveis, já que melodia e contraponto estão disponíveis para todos os instrumentos. Deve-se lembrar sempre que o duo original é o de flauta (oitava acima) e sax tenor, que soam com diferença de uma a duas oitavas. Portanto, dentro do possível, as outras formações devem respeitar essa relação.

Importante ressaltar também, como é comum na linguagem do choro, que os intérpretes tocam a cada repetição de forma diferente, ornamentando e embelezando as frases melódicas. Ao vivo, Pixinguinha sempre improvisava novos contrapontos, mostrando toda sua genialidade.

Certos contrapontos, nas gravações da dupla, ficaram cristalizados. Optou-se, nas músicas selecionadas neste livro, pelas melhores versões de cada parte (A, B e C), às vezes fundindo-se frases tocadas nas diversas repetições, com exceção do choro "Um a zero", em que melodia e contraponto foram escritos por extenso devido a sua importância e riqueza.

CD play-a-long
Com o CD, que acompanha o livro, você poderá se deleitar escutando ou praticando junto. As primeiras 12 músicas podem ser escutadas como um CD de áudio tradicional. As restantes são bases de violão, cavaquinho e percussão, sem flauta e sem sax tenor.

Nas faixas 1 a 12, as músicas foram gravadas integralmente, com melodia e contraponto executados pelos autores David Ganc (flauta) e Mário Sève (sax tenor), acompanhados de Rogério Souza (violão), Márcio Almeida (cavaquinho) e Celsinho Silva (percussão).

A melodia (flauta) e o contraponto (sax tenor) foram interpretados da seguinte forma: nas primeiras vezes de cada parte (A, B e C) tocou-se fielmente a partitura e nas repetições utilizou-se uma forma mais livre, como habitualmente ocorre no choro.

Observe ainda que, se você posicionar o pan de seu sistema de som completamente para o lado direito, ouvirá a flauta e a base sem o sax, podendo praticar o contraponto. Se fizer o inverso, você ouvirá o sax e a base, sem a flauta, podendo praticar a melodia.

Na faixa 13 está gravada a nota Lá 440 Hz, quatro vezes, para você afinar seu instrumento.

Nas faixas 14 a 25, as mesmas músicas das faixas 1 a 12 estão registradas apenas com a base de violão, de pandeiro e de cavaquinho. Assim, você poderá praticar com o grupo, individualmente ou em duo, fazendo a melodia ou o contraponto. Repare que, antes de cada música, escuta-se a contagem de dois compassos e, posteriormente, três tempos (nos temas com anacrusa) ou quatro tempos (sem anacrusa).

Após tocar as melodias e os contrapontos do livro, comece a praticar seu improviso e a criar suas linhas melódicas. Para isso, a harmonia está escrita em todas as partituras. Nos compassos sem cifras deve ser repetido o acorde do compasso anterior.

Observe que no canto esquerdo superior de cada partitura estão anotadas as transposições (C, B♭ ou E♭), os números das faixas correspondentes do CD (integral e base) e a referência de andamento (semínima =).

Assim como nós, você vai ficar maravilhado por desvendar o pensamento musical de Pixinguinha e de Benedito Lacerda, desfrutar de suas músicas, de seus arranjos e de todas as possibilidades deste livro/CD.

David Ganc e Mário Sève
Rio de Janeiro, 21 de dezembro de 2009

AUTHORS' NOTE

Choro duetos – Pixinguinha e Benedito Lacerda *fills a historical gap: for the first time the counterpoints created by Pixinguinha's tenor sax were transcribed and organized along with the melodies recorded by Benedito Lacerda's flute to be studied and practiced in various instrumental formations. The audition of the anthological recordings made by the duo in the 1940s was the basis for this work.*

In this first volume, 12 songs were selected. All of them were produced by the Pixinguinha and Benedito Lacerda's partnership. Compositions by other authors will be published in two subsequent volumes.

Songbook
All songs are arranged with the melody on the left page and the counterpoint on the right-hand page so that two performers will be able to read together the two voices.

To begin with we wrote the flute (in C, to be played one octave higher) and the tenor sax (in B♭, sounding an octave below, naturally) scores; so they become the reference for all the transpositions made.

They were also ordered in three versions, each with 12 songs and their melodies and counterpoints.

The first version (in the body of the book) is in C, for non-transposing instruments, with the melody in the treble clef and the counterpoint in the bass clef.

The two other versions attached, in B♭ and in E♭, are for the transposing instruments.

In the scores in E and the counterpoint in C we made some adaptations in the octaves, or a few changes of notes related to the original melodies, due to the different ranges of the instruments to be used with this book.

This work can be enjoyed by a wide range of musical instruments. Besides the flute, the mandolin, the violin, the piano, the accordion and the oboe (C instruments that read the treble clef), the cello, the piano, the bass, the tuba, the bassoon (in C in the bass clef), the tenor sax, the soprano sax, the clarinet, the bass clarinet, the trumpet (in B♭), the alto sax and the baritone sax (E♭) can also be used.

Thus, the songs can be played with the following suggested duos: flute and tenor sax, soprano sax and tenor sax, violin and cello, trumpet and trombone, mandolin and guitar, clarinet and bass clarinet, oboe and bassoon, accordion and baritone sax; piano and bass; and there are several other possible combinations, as melody and counterpoint are available for all instruments. It should always be remembered that the original duo is the one that joins the flute (an octave higher) and the tenor sax, and they sound two octaves distant. Therefore, where possible, other formations must respect this relationship.

It's also important to remark that, as it's usual in the language of choro, the performers play each repetition differently, ornamenting and embellishing the melodic phrases. In his live performances, Pixinguinha always improvised new counterpoints, displaying all his genius.

On the duo's recordings some counterpoints were consolidated. In this book's selected songs the best versions of each part were chosen (A, B and C), sometimes merging phrases played on several repetitions, except for the choro "Um a zero", where melody and counterpoint were transcribed due to its importance and wealth.

Play-a-long CD
The CD that comes with this book can be enjoyed simply through its audition or by practicing along. The first 12 songs can be heard as a normal audio CD. The remaining are guitar, cavaquinho and percussion bases, without the flute and the tenor sax.

On tracks 1 to 12, the songs were recorded in full, with melodies and counterpoints performed by the authors David Ganc (flute) and Mário Sève (tenor sax), joined by Rogério Souza (guitar), Márcio Almeida (cavaquinho) and Celsinho Silva (percussion).

The tune (flute) and the counterpoint (tenor sax) were interpreted as follows: the first time each part was performed (A, B and C) the performances were faithful to the score. On the replays a freer form was used, as it usually happens in choro.

Also note that if you place your sound system's pan to the right side, you'll hear the flute and the base without the sax, and you'll be able to practice the counterpoint. If you do the reverse, you'll hear the sax and the base without the flute, and you'll be able to practice the melody.

On track 13 the note A (440 Hz) is recorded four times, for you to tune your instrument.

On tracks 14 to 25, the same songs from tracks 1 to 12 appear with the guitar, the tambourine and the banjo bases only. So, you'll be able to practice with a group, individually or in a duo, performing the melody or the counterpoint. Note that before each song, you can hear the count of two bars and then three times (in themes with a pick up) or four times (no pick up).

After playing the melodies and the counterpoints of the book, feel welcome to practice your improvisations and create your own melodic lines. For this, the harmony is written in all scores. In bars without chords the previous bar's chord must be repeated.

Please note that the transpositions (C, B♭ or E♭), the numbers of the corresponding CD tracks (the complete arrangements and the bases) and the tempo reference (a quarter note =) can be seen in the the upper left corner of each sheet.

Just like us, you'll be amazed to discover Pixinguinha's and Benedito Lacerda's musical thinking, enjoy their music, their arrangements and all the possibilities of this book / CD.

David Ganc e Mário Sève
Rio de Janeiro, December 21st, 2009

SOBRE OS AUTORES

Mário Sève

Saxofonista, flautista, compositor e arranjador, integrante e fundador dos quintetos Nó em Pingo D'Água e Aquarela Carioca, com os quais gravou 12 discos e recebeu muitos prêmios. Integra o grupo de Paulinho da Viola desde 1996.

Mário Sève escreveu o livro *Vocabulário do choro* (1999) e coordenou o *Songbook do choro* (2007), lançados pela Editora Lumiar. Produziu, de 2000 a 2004, o festival anual Riochoro, onde reuniu grandes nomes do gênero. Foi diretor artístico do Centro de Referência da Música Carioca (2007 a 2009). Participou, como compositor, do Festival da Música Brasileira (TV Globo, 2000), do Festival da Cultura (TV Cultura, 2005) e do Prêmio Visa (2006). Foi premiado nos festivais de Avaré (FAMPOP) e Chorando no Rio. É parceiro, entre outros, de Guilherme Wisnik, Mauro Aguiar, Cecilia Stanzione, Chico César, Paulinho da Viola, Nelson Ângelo, Pedro Luís, Geraldo Carneiro e Sérgio Natureza.

Mário Sève gravou os CDs *Bach & Pixinguinha* (2001), com Marcelo Fagerlande; *Choros, por que sax?* (2004), com Daniela Spielmann; *Pixinguinha + Benedito* (2005), com David Ganc; e *Casa de todo mundo* (2007), com suas composições e várias participações especiais. Atuou ainda com Ney Matogrosso, Alceu Valença, Dona Ivone Lara, Geraldo Azevedo, Guinga, Toquinho, Ivan Lins, Leila Pinheiro, Zeca Pagodinho, Moraes Moreira e diversos artistas da MPB. Em 2008, Carol Saboya lançou um CD com canções exclusivas de Mário Sève.

Site: <www.myspace.com/marioseve>.
E-mails: <marioseve@gmail.com> e <marioseve@uol.com.br>.

David Ganc

Flautista, saxofonista, arranjador

David Ganc, carioca, iniciou sua carreira nos anos 1970 na banda A Barca do Sol. Lançou quatro CDs solo: *Baladas brasileiras; Caldo de cana; David Ganc & quarteto de cordas Guerra Peixe interpretam Tom Jobim*, indicado para o Prêmio Tim de Música 2005; e *Pixinguinha + Benedito*, com Mário Sève.

Foi professor de flauta e saxofone do 1º Festival de Música Instrumental Brasileira, dirigido por Toninho Horta, realizado em Ouro Preto, MG, em 1986. Além de extensa atividade como professor particular, David Ganc lecionou nos Seminários de Música Pro-

Arte do Rio de Janeiro e no projeto Villa-Lobinhos. Em 2007, Ganc ministrou curso de flauta no Centro Municipal de Referência da Música.

Entre produção e coprodução somam-se 20 CDs. Como músico de estúdio, David Ganc ultrapassou a marca de 200 discos gravados com artistas consagrados da MPB.

Tocou em palcos de muitos países. Apresentou-se no Mellon Jazz Festival 2001, em Pittsburgh, EUA no concerto *Tones of nature*, um tributo a Tom Jobim. Realizou turnê de seu CD *Caldo de cana* no Sul dos EUA.

Participou do CD *Sopro contemporâneo brasileiro* – uma seleção dos melhores instrumentistas de sopro do Brasil – lançado em 1994 pelo selo Visom Digital. Participou ainda do CD *Os bambas da flauta* (Kuarup, 2003), que reúne os expoentes brasileiros deste instrumento.

Site: <http://www.davidganc.com>.
E-mails: <dganc@terra.com.br> e <davidganc@gmail.com>.

ABOUT THE AUTHORS

Mário Sève

Mário Séve is a saxophonist, a flutist, a composer and an arranger, and a member of the Nó em Pingo D'Água and Aquarela Carioca quintets, with whom he recorded 12 albums and received many awards. He's a member of the Paulinho da Viola band since 1996.

Mário Sève wrote the book Vocabulário do Choro *(1999) and was the coordinator of* Songbook do Choro *(2007), both released by Editora Lumiar. He produced, between 2000 to 2004, the RioChoro annual festival, where he reunited the genre's best performers. He was the artistic director of the Centro de Referência da Música Carioca (2007 to 2009). Participated as a composer of the Festival de Música Brasileira (TV Globo, 2000), the Festival da Cultura (TV Cultura, 2005) and the Visa Awards (2006). He was awarded the festivals of Avaré (FAMPOP) and Chorando Pelo Rio. He co-wrote songs with Guilherme Wisnik, Mauro Aguiar, Cecilia Stanzione, Chico César, Paulinho da Viola, Nelson Ângelo, Pedro Luís, Geraldo Carneiro and Sérgio Natureza, among others.*

Mário Sève has recorded the following CDs: Bach & Pixinguinha *(2001), with Marcelo Fagerlande;* Choros, por que Sax? *(2004), with Daniela Spielmann;* Pixinguinha + Benedito *(2005), with David Ganc; and* Casa de Todo Mundo *(2007), with his own compositions -- and several special guests. He has also performed with Ney Matogrosso, Alceu Valença, Dona Ivone Lara, Geraldo Azevedo, Guinga, Toquinho, Ivan Lins, Leila Pinheiro, Zeca Pagodinho, Moraes Moreira and many other MPB artists. Em 2008, Carol Saboya released a CD exclusively with Mário Sève's songs.*

Site: <www.myspace.com/marioseve>.
E-mails: <marioseve@gmail.com> e <marioseve@uol.com.br>.

David Ganc

A flutist, a saxophonist and an arranger, David Ganc was born in Rio de Janeiro and started his carreer in the early 1970s, joining the band A Barca do Sol. He released four solo CDs: Baladas Brasileiras, Caldo de Cana, David Ganc & Quarteto de Cordas Guerra Peixe interpretam Tom Jobim *(nominated for the Tim Music Award 2005) and* Pixinguinha + Benedito, *with Mário Sève.*

He was taught flute and saxophone in the 1st Festival de Música Instrumental Brasileira, directed by Toninho Horta, at Ouro Preto, MG, in 1986.

Besides his long experience giving private classes, David Ganc was a teacher at the Pro-Arte Music Seminars in Rio de Janeiro and in the Villa-Lobinhos project. In 2007, Ganc gave flute workshops at the Centro Municipal de Referência da Música.

Producing or coproducing, he's done 20 CDs. As a session man, David Ganc surpassed the 200 albums rank, recording with several famous MPB artists.

He has played on lots of stages abroad. He has performed at the Mellon Jazz Festival 2001, in Pittsburgh, USA, and in the Tones of Nature Concert, a Tom Jobim tribute. He made a tour with his CD Caldo de cana *in a U.S. South tour.*

He's featured in the CD Sopro Contemporâneo Brasileiro – *a selection of the best Brazilian winds and woodwind players – released in 1994 by the Visom Digital label. He's also featured in the CD* Os Bambas da Flauta *(Kuarup, 2003), which bring together Brazilian flute exponents.*

Site: <http://www.davidganc.com>.
E-mails: <dganc@terra.com.br> e <davidganc@gmail.com>.

CHORO
Duetos

MÚSICAS
SONGS

ACERTA O PASSO
CHORO

Pixinguinha e Benedito Lacerda

ACERTA O PASSO
CHORO

Pixinguinha e Benedito Lacerda

AINDA ME RECORDO
CHORO

Pixinguinha e Benedito Lacerda

AINDA ME RECORDO
CHORO

Pixinguinha *e* Benedito Lacerda

DESCENDO A SERRA
CHORO

Pixinguinha e Benedito Lacerda

Copyright © 1947 by IRMÃOS VITALE S.A. INDÚSTRIA E COMÉRCIO - 100%.
Todos os direitos autorais reservados para todos os países.
ALL RIGHTS RESERVED. INTERNATIONAL COPYRIGHT SECURED

DESCENDO A SERRA
CHORO

Pixinguinha e Benedito Lacerda

Copyright © 1947 by IRMÃOS VITALE S.A. INDÚSTRIA E COMÉRCIO - 100%.
Todos os direitos autorais reservados para todos os países.
ALL RIGHTS RESERVED. INTERNATIONAL COPYRIGHT SECURED

NAQUELE TEMPO
CHORO

Pixinguinha e Benedito Lacerda

Copyright © 1947 by IRMÃOS VITALE S.A. INDÚSTRIA E COMÉRCIO - 100%.
Todos os direitos autorais reservados para todos os países.
ALL RIGHTS RESERVED. INTERNATIONAL COPYRIGHT SECURED

NAQUELE TEMPO
CHORO

Pixinguinha *e* Benedito Lacerda

OS OITO BATUTAS
CHORO

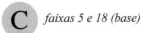

Pixinguinha e Benedito Lacerda

PROEZAS DE SOLON
CHORO

Pixinguinha e Benedito Lacerda

Copyright © 1947 by IRMÃOS VITALE S.A. INDÚSTRIA E COMÉRCIO - 50% ref. o autor Benedito Lacerda
Copyright © 1938 by MANGIONE, FILHOS & CIA LTDA - 50%
Todos os direitos autorais reservados para todos os países.
ALL RIGHTS RESERVED. INTERNATIONAL COPYRIGHT SECURED

SEGURA ELE
CHORO

Pixinguinha e Benedito Lacerda

SEU LOURENÇO NO VINHO
CHORO

Pixinguinha e Benedito Lacerda

Copyright © 1949 by IRMÃOS VITALE S.A. INDÚSTRIA E COMÉRCIO - 100%
Todos os direitos autorais reservados para todos os países.
ALL RIGHTS RESERVED. INTERNATIONAL COPYRIGHT SECURED

SEU LOURENÇO NO VINHO
CHORO

Pixinguinha e Benedito Lacerda

Copyright © 1949 by IRMÃOS VITALE S.A. INDÚSTRIA E COMÉRCIO - 100%
Todos os direitos autorais reservados para todos os países.
ALL RIGHTS RESERVED. INTERNATIONAL COPYRIGHT SECURED

SOFRES PORQUE QUERES
CHORO

Pixinguinha *e* Benedito Lacerda

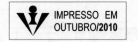

CHORO Duetos
VOL.1

PIXINGUINHA & BENEDITO LACERDA

Coordenação de Mário Sève e David Ganc

CADERNO EM

MÚSICAS:	Pág:
SONGS	*Page*
1 - Acerta o passo	2
2 - Ainda me recordo	4
3 - Descendo a serra	6
4 - Naquele tempo	8
5 - Os oito batutas	10
6 - Proezas de Solon	12
7 - Sedutor	14
8 - Segura ele	16
9 - Seu Lourenço no vinho	18
10 - Sofres porque queres	20
11 - Vou vivendo	22
12 - Um a zero	24

Irmãos Vitale S/A Indústria e Comércio
www.vitale.com.br
Rua França Pinto, 42   Vila Mariana   São Paulo   SP
CEP: 04016-000 Tel.: 11 5081-9499 Fax: 11 5574-7388

© Copyright 2010 by Irmãos Vitale S.A. Ind. e Com. - São Paulo - Brasil
Todos os direitos autorais reservados para todos os países. *All rights reserved.*

AINDA ME RECORDO
CHORO

Pixinguinha e Benedito Lacerda

DESCENDO A SERRA
CHORO

Pixinguinha e Benedito Lacerda

NAQUELE TEMPO
CHORO

Pixinguinha e Benedito Lacerda

NAQUELE TEMPO
CHORO

Pixinguinha *e* Benedito Lacerda

PROEZAS DE SOLON
CHORO

Pixinguinha e Benedito Lacerda

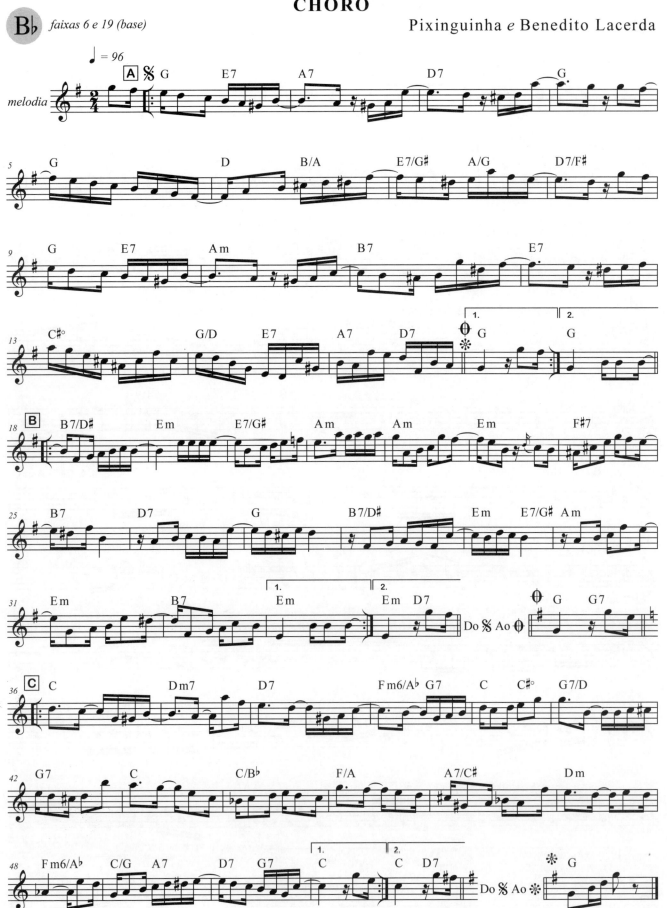

Copyright © 1947 by IRMÃOS VITALE S.A. INDÚSTRIA E COMÉRCIO - 50% ref. o autor Benedito Lacerda
Copyright © 1938 by MANGIONE, FILHOS & CIA LTDA - 50%
Todos os direitos autorais reservados para todos os países.
ALL RIGHTS RESERVED. INTERNATIONAL COPYRIGHT SECURED

SEDUTOR
CHORO

Pixinguinha *e* Benedito Lacerda

Copyright © 1951 by IRMÃOS VITALE S.A. INDÚSTRIA E COMÉRCIO - 100%
Todos os direitos autorais reservados para todos os países.
ALL RIGHTS RESERVED. INTERNATIONAL COPYRIGHT SECURED

SEGURA ELE
CHORO

SEU LOURENÇO NO VINHO
CHORO

Pixinguinha e Benedito Lacerda

SOFRES PORQUE QUERES
CHORO

Pixinguinha e Benedito Lacerda

VOU VIVENDO
CHORO

Pixinguinha e Benedito Lacerda

VOU VIVENDO
CHORO

Pixinguinha e Benedito Lacerda

Copyright © 1947 by IRMÃOS VITALE S.A. INDÚSTRIA E COMÉRCIO - 100%
Todos os direitos autorais reservados para todos os países.
ALL RIGHTS RESERVED. INTERNATIONAL COPYRIGHT SECURED

UM A ZERO
CHORO

Pixinguinha e Benedito Lacerda

CHORO Duetos
VOL.1

PIXINGUINHA & BENEDITO LACERDA

Coordenação de Mário Sève e David Ganc

CADERNO EM

MÚSICAS:	Pág:
SONGS	*Page*
1 - Acerta o passo	2
2 - Ainda me recordo	4
3 - Descendo a serra	6
4 - Naquele tempo	8
5 - Os oito batutas	10
6 - Proezas de Solon	12
7 - Sedutor	14
8 - Segura ele	16
9 - Seu Lourenço no vinho	18
10 - Sofres porque queres	20
11 - Vou vivendo	22
12 - Um a zero	24

Irmãos Vitale S/A Indústria e Comércio
www.vitale.com.br
Rua França Pinto, 42   Vila Mariana   São Paulo   SP
CEP: 04016-000 Tel.: 11 5081-9499 Fax: 11 5574-7388

© Copyright 2010 by Irmãos Vitale S.A. Ind. e Com. - São Paulo - Brasil
Todos os direitos autorais reservados para todos os países. *All rights reserved.*

ACERTA O PASSO
CHORO

Pixinguinha e Benedito Lacerda

Copyright © 1951 by IRMÃOS VITALE S.A. INDÚSTRIA E COMÉRCIO - 100%.
Todos os direitos autorais reservados para todos os países.
ALL RIGHTS RESERVED. INTERNATIONAL COPYRIGHT SECURED

ACERTA O PASSO
CHORO

Pixinguinha e Benedito Lacerda

AINDA ME RECORDO
CHORO

Pixinguinha e Benedito Lacerda

NAQUELE TEMPO
CHORO

Pixinguinha e Benedito Lacerda

OS OITO BATUTAS
CHORO

Pixinguinha e Benedito Lacerda

PROEZAS DE SOLON
CHORO

Pixinguinha e Benedito Lacerda

SEDUTOR
CHORO

E♭ *faixas 7 e 20 (base)*

Pixinguinha *e* Benedito Lacerda

SEGURA ELE
CHORO

Pixinguinha e Benedito Lacerda

Eb faixas 8 e 21 (base)

♩ = 126